또 하나의 시작

지성·감성의 메타언어
조선문학시인선·869

또 하나의 시작

한주운 시집

조선문학사

■ 책머리에

  하늘빛을 보며 살아 숨 쉬고 있음에 대한 감사와 축복으로 눈시울이 따뜻해지는 날입니다. 이루고자 했던 열정이 욕망으로 바뀌어 삶을 지치게 하고, 자연이 손짓하는 수많은 소리를 외면한 채 살아온 날들이 오랜 시간 시작(詩作)을 메마르게 했습니다.

  나이 든다는 것은 조금 더 여유를 가지고 지난날에 대한 애틋함으로 자신을 토닥일 수 있고, 현재의 내 모습을 있는 그대로 바라볼 수 있으며, 내가 걸어가야 할 길에 대한 소망을 꿈꿀 수 있어 참 좋습니다.

  세상에 나오기 위해 탈피를 거치고 또 거쳤지만, 여전히 부족하고 매끄럽지 않은 글이 이제 용기를 내어 날아오르려 발돋움하고 있습니다. 삶의 행로(行路)에서 저를 설 수 있게 해 준 자취이기에 사랑스럽습니다. 부끄러워하지 않고 또 하나의 시작을 위한 출발이라 생각하겠습니다.

저와 늘 동행하시는 하나님께 감사와 영광을 올립니다. 그리고 출간을 위해 큰 힘이 되어 주신 P 교수님과 조선 문학사에 머리 숙여 감사를 드립니다.

또 하나의 시작 차례

책머리에 / 5

제1부
빛 가운데

도시의 아침 / 13
하루 / 14
저녁노을 / 15
별 바라기 / 16
기억 정거장 / 18
하얀 밤 / 19
새날의 고백 / 20
꿈길 / 22
열흘의 행복 / 24
마하간다용 수도원 / 26
어느 날 갑자기 / 28
여보세요? / 30
무제 / 32
섬 / 34
또 하나의 시작 / 35

아침 별곡 / 36
홀로서기 / 37
인사동에서 / 38
빛 가운데 / 39
한 해를 묵상하며 / 40
전쟁은 아직 일어나지 않았다/ 42
촛불 / 44
푯대가 되신 스승님 / 45
어린아이 같은 마음으로 / 48

제2부
회귀(回歸)

딸 생일상을 차리며 / 53
아버지, 내 아버지 / 54
확진자 / 56
건강검진 / 58
감사한 일이다 / 60
아버지는 부재중 / 62
잃어버린 고향 / 64
탯줄 자르기 / 66
길 위에서 / 68
스위치 / 70
불면증 · 1 / 71

불면증·2 / 72
불면증·3 / 74
회귀(回歸) / 76
군자의 일생 / 78
한 점 섬 / 80
허락된 휴가 / 82
휴식(休息) / 85
소멸 / 86
나이 / 88
소소한 행복 / 90
행복 연가 / 92
먼데이 / 94
시간 여행 / 95

제3부
바람의 독백

봄에 부는 바람은 / 99
살구꽃이 피었습니다 / 100
춘(春) 새벽 기행 / 102
낯선 봄 / 104
5월의 약속 / 105
6월은 / 106
소나기 / 108

우중독백(雨中獨白)·1 / 110
우중독백(雨中獨白)·2 / 111
바람, 그리고 우리 / 112
바람이 머무는 곳 / 114
바람의 독백 / 116
마른장마 / 118
화담 숲에서 / 120
바람의 노래 / 122
여름은 가리라 / 124
국지성 호우 / 126
코스모스 / 128
가을 마중 / 129
가을 나무 / 130
가을 영상 / 131
가을바라기 / 132
가을 길목에서 / 134
겨울의 끝에 서서 / 135

제4부
시집 평설

발상의 다양성과 커팅 능력 돋보여_박진환 / 138

제1부
빛 가운데

도시의 아침

마알간 얼굴로
햇살이 창문을 두드리면
하루의 시작이다

분주한 몸놀림
기계적인 동작으로
저마다 시간을 매고 뛰고

의식을 앞지른 무의식은
숨겨진 욕망의 끈을 매단 채
거리를 가득 채운다

무표정으로 위장한
겁 없는 젊음은 경쟁의 늪으로
빨려 들어가고 있는데

태엽을 목에 칭칭 감으며
내려다보는 빌딩은
저마다 시선을 외면한다

하루

익숙해진 어둠 사이로
헤드라이트 불빛이
익숙한 도로를 앞서 달리고

한동안 잊고 살아왔던
일상의 일들이
소리 없이 가슴에 들어선다

무심코 펼쳐진 곡조의 세레나데에
묻혀 흔들거리다
하루를 무사히 살게 하심에
감사기도 드린다

육신에 마르지 않고 고여 있던
샘물이 흘러넘쳐
눈앞이 흐릿하다

하루는 또 다른 하루를
잉태하고
출산을 기다린다

저녁노을

고단한 구름이 배를 깔고 누운
붉은 이부자리
산등성이 내려오던 회색빛 어둠
마른기침으로
해거름 하고 있다

길바닥을 훑고 뒹구는
끈질긴 인연의 꼬리는
무너진 어깨를 누르고

하루 몫을 살아낸 영혼들의
지친 넋두리를 풀어
이고 있던 하루를 내려놓는다

별 바라기

낯선 이들과
낯선 곳으로 떠난다
별의 고향을 찾아

작은 인연이
고리에 고리를 이어가고
희미한 흑백 기억 위에
현재 진행형 색을 입히려
쉼 없이 언어를 토해낸다

이방인을 맞아주는
품은 따스하다
오랜 시간 제자리를 지키고 있던
산과 들판, 하늘과 땅, 나무와 꽃들,
소와 말과 염소들이 시공간을 넘어
그려놓은 풍경화 한 편

타오르는 장작불의 열기로
우리는 시를 노래하고
삶의 무게에 대해 이야기한다

별들이 떨어지길 기다리며

수많은 별이
내 가슴으로 쏟아져 들어와
아주 오랫동안 춥지 않게
잠들기를 바랐다

그러나 끝내 별은 오지 않았다

기억 정거장

무심코 잊고 있던 이들이
보고 싶은 날
가을이다

가슴 한 편에 담겨있던
묵은 기억들이
노을빛 낙엽 위에 머물면
붉은 그리움이다

서늘해진 바람이
보슬보슬해진 살갗 위로
켜켜이 내려앉을 때
찾아오는 공백
시간 정거장 앞에 서 있다

서로 다른 공간에서
여기까지 살아온 이들과
밤을 새워가며 허옇게 바랜
기억회로를 소생시킨다
축복이다

하얀 밤

시계의 초침 소리가

낙숫물이 되고

낙숫물 한 방울씩 모아

붓을 적셔 허공에 쓰는 서사시

지워지지 않을 화인(火印)을

아무도 모르게

여기저기 찍어대고 있는

거룩한 성자

새날의 고백

분명 새해가 시작되었는데
자꾸 어제가 생각나는 것은
씻어내지 못한 이별의 잔해인가?

새로 산 다이어리의 첫 장에
지켜지지 못한 어제의 결심을
옷만 갈아입힌 채
습관처럼 써내려간다

새날이
어제와 다르지 않다는 건
달라지지 않은 내가 더 잘 아는데

세상은
아니라고
분명 나아질 거라며
분홍 풍선을 단다

새날에
깨어난 새 생명

채 부화되지 않은 심장을
힘껏 주무르고 있다

꿈길

새날을 품고 있는
파르스름한 빛
긴 준비 중이다

어쩌면
태중에 있을 때부터
찾아다녔을지도 모른다
한 가닥 길

끊임없이 되풀이되는
파상음 속 추락과 비상의 늪에서
나를 건져낼 수 있었던
유일한 탈출구

쉽사리 다가갈 수도
찾을 낼 수도 없는 길
스스로 만들어 가는
거대한 벼랑 위 성벽

포말에 묻혀버린 신선한 함성도

세찬 바람에 아파하던 자아도
닻에 묶여 흔들리고 있다

맞지 않던 옷은 벗어버린 지 오래
누렇게 바랜 젊은 날의 조각들
하나씩 맞추어 다시 한번
날아볼 수 있을까?

열흘의 행복

봄을 한가득 싣고
메마른 골목골목
향기를 거저 나눠주는 아저씨

"프리지어 한 다발 주세요"

노란 향기에 웃음이 묻어나고
체취가 방 한가득
낙원이다

해가 뜨면 눈맞춤
틈틈이 코맞춤
잠자리 들기 전 입맞춤

볼우물이 패인 아이가
이름을 묻는다

"프리지어란다"

하루 이틀 사흘 나흘

콧노래가 하늘을 나르고
어제 기억을 소환한다
오래전 너를 닮은 친구가 있었지
그날이 가까이 다가와 숨 쉰다

닷새, 엿새, 이레, 여드레
사랑의 맘빛 가득 담아
생명의 물을 채우면
다가와 노래로 기쁨을 안긴다

아흐레, 열흘
점점 시들어가는 네 모습에도
아프진 않다
또 하나의 기억으로 살아 숨 쉴 테니

열흘간의 사랑 이야기

마하간다용 수도원*

새벽 4시
어둠이 누워있는 수도원
수련승의 뱃속에서 꼬르륵
신호가 울린다

10시 공양시간
자줏빛 법우를 걸치고
발우를 두 손으로 감싸 안은 채
줄지어 천천히
공양간으로 향하는 맨발의 행렬

각국에서 모여든
불자들의 공양 세례에 묵묵히
관광객의 셔터 소리에
익숙한 듯 무표정한 얼굴
한 걸음 한 걸음
또 하루가 시작 된다

장난기 가득 얼굴에 담은
동자승까지 들고 나면

타나카*를 바르고
거리를 떠도는 아이들,
사탕 하나 과자 하나에
손바닥 벌려
해처럼 웃는다

"땡큐~"

※ 마하간다용 수도원 : 미얀마 만달레이 아마라푸라에 위치한 미얀마 최대 규모의 불교 교육기관.
※ 타나카 : 미얀마 지역 여성들의 피부 보호와 미용에 이용되는 천연 자외선 차단제.

어느 날 갑자기

내 마음이 슬플 때에는
가만히 귀를 기울여 봐
뚝뚝 떨어지는 눈물
어디서부터 시작된 것인지

내 마음이 아플 때에는
가슴에 손을 얹어 봐
오래전 잊었던 상처
아물지 않았을지 모르니까

달콤한 초콜릿을
혀 위에 올리고
천천히 아주 조금씩
심장의 고동으로 녹여봐

기다림은 가끔씩
뜻밖의 선물을 가져오기도 하지
봄볕이 사그락거리며 들어오듯이
유채색의 기쁨으로

그때에는
아무 말도 하지 말고
그냥 씩 웃어
그게 바로 네 모습이야

여보세요?

타고난 길이라고
모두가 같은 색은 아니야
내 안에 태동하는
맥박의 부재

어둠 속 기어 다니며 버틴 시간
목 놓아 울다 끝날 삶이지만
그리 슬프진 않아
내게도 날개가 있으니

시한부 삶이라고
동정의 시선은 거두시라
반짝이는 햇살 한 조각이면
하늘도 움켜쥘 수 있으니

잠을 설친다고
원망은 하지 마시라
선홍빛 득음을 위해
땀 흘리며 수련 중이니

소음이라고
눈살을 찌푸리기 전
한 번만 귀 열어 주시라
빈 마음으로

서늘한 바람 불면
곧

당신 곁을 떠날 것이니

무제

빈 가지 사이로
무채색 하늘이 주는 한숨 너머
소멸된 도시는 반전을 꿈꾸고 있다
자궁의 탯줄을 움켜쥔
신생(新生)의 맥박 소리

거꾸로만 자라나는 빌딩이
잠수하는 강물 위
햇볕으로 담금질하는
청둥오리 떼, 가리마를 타며 서성인다
칼날처럼 반짝이는 프리즘의 고요

노루꼬리만큼 짧아진 한낮의 허리를
잡아당기다 끊겨져 토해내는 붉은 울음이
저녁 하늘을 덮는다
차곡차곡 접혀진 하루의 수고

위장에서 채 소화되지 않은 욕망이
식도를 타고 넘나든다
노화된 시간은

시린 입김으로
얼어붙은 거리에 머무르고 있다

섬

녹초가 된 육신이
쉴 수 있는 곳

애끊는 울음을
숨기지 않아도 되는 곳

48시간 비워진 위장을
들여다볼 수 있는 곳

해가 두세 번
문밖에서 머물다 돌아가도

밤이슬 적신 어둠이
밀폐된 창문을 두드리다 돌아가도

잠의 늪 속을 거닐 수 있는 곳

기억을 리셋하고
신생아로 태어나고 싶은 곳

그런 섬 하나 갖고 싶다

또 하나의 시작

노을빛 녹인 이파리
책갈피에 살며시 끼워
한 잠 재우고
마른 잎 살결 위에
한 편의 시를 써 내린다

파릇한 신록의 부드러운 숨결이
여름 더위에 튼실한 근육으로
설핏 갈바람에
잔잔한 미소로 물들더니

이제는 시를 품고
다시 세상에 태어났다
불멸의 빛으로 호흡하는
또 하나의 생명

아침 별곡

아무도 밟지 않은
하얀 눈 위 발자국으로
아무도 숨 쉬지 않은
푸른 공간 신성한 장막으로
아침은 온다

간밤 꿈속을 누비던
멈춰버린 시공간을 거슬러
탈출을 음모하는 더듬이처럼
낯선 몸짓과 음성으로
서서히 아침이 오고 있다

부지런한 직박구리의 인사와
조금씩 짙어지는 신록의 성숙함
맑은 하늘을 올려다보는 눈망울로
아침이 왔다

웅크리고 누웠던
고치에서 허물을 벗고
또 한 번
날아오를 준비를 한다

홀로서기

어둠이 굼벵이처럼 웅크린 새벽
밤새 땅속을 탈출한
참매미 한 마리
일찌감치
발성 연습 중이다

장마 전선
북상 예보에
가까스로 탈피를 끝낸
젖은 날개
파르르 떤다

아무도 듣지 않는
독주의 무대
방청객이 된 나는
어설픈 리듬에 맞추어
힘껏 박수 친다
'앵콜'

인사동에서

늦은 가을 자리
어제보다 조금 더 짧아진
하루의 길이가
낙엽에 실려
저물고 있다

새 어둠을 벗 삼아
지표 없는 조각배처럼
무중력의 허공을 떠다니다
마주친 낯익은 간판

옛 은사님의 허허로운 웃음
향그러운 대추차에 가득 담아
시간을 노 저으면

인사동은 비로소 품에 안겨
고향이 된다

빛 가운데

온몸으로 터트리는
단음조의 힘찬 울림
참매미가 꿈꾸는 세상
시간이 녹아내리고 있다

벗어놓은 껍데기는
가벼운 바람 한 자락에 부서지고
머물렀던 어둠의 구멍
빛을 빨아들이고 있다

지난겨울을 망각한
땀방울을 길들이느라
숨어든 한 조각 그늘
기억이 녹아내리고 있다

빛 가운데
익어가고 있다
빛 가운데
걸어가고 있다
우리의 바람처럼

한 해를 묵상하며

긴 여행을 마치고 돌아온 여행자처럼
온몸에 훈장으로 너덜대는
상처와 치유의 흔적들

연초
과녁의 위치도 모른 채
활시위는 당겨졌다

비틀거림도 없이
되돌아보며 심호흡 할 여유도 없이
한 해를 뚜벅이며 걸어 왔다

함께 꿈꾸며 노래하던 거목들이
잘려나가고 피를 흘려도
말을 삼킨 채 외면할 수밖에 없던 비겁함이
삶의 무게 때문이었다고
변명할 수 있을까?

막차가 떠나버린 빈 역사에 남아
빈껍데기를 진실이라 외치며

걸인처럼
말라버린 숨을
건져내고 있다

전쟁은 아직 일어나지 않았다

매일 아침
깨어날 수 있다는 것이
증거이다
매일 총알을 장전하고
거리로 나간다

방아쇠에 손을 얹은 채
태엽을 끝까지 감고
조금씩 조금씩
시간을 달래보지만

가속도 붙어버린 육체와
거기에 덧붙어 목숨을 보존하는
사지가 펄렁이며 시위한다

젊음은 식어빠진 열정 위에 널브러져
이렇게 사는 것도 재미라며
동정 너머 세계를 보는데

가치를 셈하기에 지쳐

밀려드는 파도가
날마다 둑방 위에 노닐고
언제쯤 쉴 수 있을까?

전쟁을 치룬 패잔병의
고린내 나는 발을 닦으며
오늘은 이만 휴전이다

촛불

햇볕도 뚫지 못하는
암막 커튼 뒤로
시간을 잃어버린 아이
실낱같은 생명줄에 매달려 있다

표정을 앗아버린 창백함이
이미 강을 건너 버린 듯한 손짓이
거부할 수 없는 어둠의 유혹으로
사그라들고 있다

한나절 햇살을 잡으려
하루 이틀 숫자를 세며 버티고 있는데
멈춰버린 시간의 배신 앞에
눈물도 웃음도 소멸된

작은 얼굴 하나
가슴 속에 맴돌고 있다

푯대가 되신 스승님
- 우재정 선생님을 추모하며

낯선 인연이 가시방석이라
뿌리 내릴 곳 찾아 기웃거리던
이파리 소멸된 늦가을이었지요

여느 날처럼
한소끔의 봄볕 찾아 두리번거릴 때
넓은 시선으로 다가와
안아 주셨습니다

젖먹이가 엄마 찾아다니듯
언제나 따라다니던 저를
당신은 막 젖 뗀 아이 칭얼거림이라 여기며
보듬어주셨지요

하늘과 산과 강이 무심코
시간을 떠나보내는 동안
여린 뿌리는 점점 굵어져
흔들리지 않고 서 있습니다

이제는 붙잡아 주지 않아도

혼자 설 수 있는데
당신은 흔들리고 있습니다

지나온 세월의 쓴 물들이
고스란히 몸속으로 파고들어
육신이 삭아 무너져 내리고 있습니다

앙상한 뼈마디는
희망을 접은 말 한마디에
견디어 낼 한 가닥 소망의 빛을
끄려 합니다

따스한 손을 마주 잡고
할 수 있는 말은 오로지

"힘 내세요"
"힘 내세요"

당신이
평안한 모습으로
떠나시던 날

버티고 버텨왔던
참고 참아왔던

마음의 버팀목이
와르르 무너져 내렸습니다

슬픔은 남아있는 자의 몫
고통 없는 천국에서
이루고 싶어 하셨던
꿈을 이루소서

당신이 남겨두고 가신
사랑이 숨 쉬는 시를 읽으며
그리움을 참아내겠습니다

엄마 같은 따뜻함으로
늘 제 곁에서
활짝 웃고 계신 사진을 보며
힘을 내겠습니다

나의 스승님
존경합니다.
사랑합니다
영원히

<우재정 고문님은 2023년 2월 16일 하늘나라로 떠나셨습니다.>

어린아이 같은 마음으로
- 손광세 교수님을 기리며

한파가 몰려온다는 날
하늘빛이 너무 맑아
안기고 싶다고 생각하던 날

그 하늘빛 속으로
영원히
걸어가신 손광세 교수님

대나무 같은 절개와
순백의 학을 닮은
선비의 삶을 사신 교수님

미소년 같은 수줍은 미소와
어린아이 같은 순수한 마음으로
아름다운 시의 꽃밭을 정성껏 가꾸시고
열매를 기꺼이 나누신 교수님

당신이 떠나시던 날
하얀 눈이 온 세상을 포근하게 덮었습니다
마른 가지에도, 빈 둥지에도

소리 없이 소복소복

이 모습 보며
눈처럼 하얗게 미소 지으실
교수님 따라 웃어봅니다

교수님
다시 뵐 수는 없지만
따스한 손 맞잡을 수 없지만
우리에게 남기신 흔적들
천천히 한 걸음씩 걸어보겠습니다

쏟아부어 주신 그 사랑
영원히 가슴에 간직하며
교수님을 빛내는 훌륭한 제자로
살아가겠습니다

시를 노래하며
가르침을 따라 시를 탄생시키고
어린이가 행복한 세상을 만들겠습니다

지켜봐 주세요.

고통 없는 곳에서 평안히 쉬시며
가끔씩 하늘나라 소식 전해주세요

- 손광세 교수님을 그리며 제자 한주운 올립니다

제2부

회귀(回歸)

딸 생일상을 차리며

새벽 미명
미역국을 끓인다

태어난 날을 기념하는
미역국
딸을 낳고
친정엄마가 끓여주시던
맛을 낼 수 없어
자꾸만 간을 본다

엄마도
나를 낳고
외할머니가 끓여주신
미역국을 드셨을까?

구순을 바라보는
곱디곱던 새댁은
굽은 허리로
거울을 보며
발그레한 소녀가 되어
시간을 거슬러 오르고 있다

아버지, 내 아버지

어릴 적 신열이 오르면
복숭아 통조림 사 들고
이마 만져주시던 거친 손길
아직도 따스한데
병원 가보시란 성화에
"괜티않아"
손사래 치시더니
난생처음 수술대에 오르셨다

자유 찾아 사선(死線)을 넘고
가장의 무게를 견디며
가시밭 가꾸어 꽃길로 만드신
침묵의 외길 발자국

언제나 큰 산으로
흔들리지 않는 거목으로
거센 바람 막아주시던
널따란 등이 가볍게 흔들린다

"걱정하지 말라우"

초침에 맞춰 떨어지는 수액 방울에
잠긴 목소리
잔물결 되어 심장 깊숙이 맴돈다

확진자

당할 만큼 당해야
놓여날 수 있다지?
낮과 밤, 밤과 낮
거푸 몇 날 며칠을
닿지 않는 바닥을 향해
계속 침몰 중이다

두 손, 두 발, 온몸
쇠사슬에 묶인 노예가 되어
보이지 않는 바이러스와
사투를 벌인다

창자를 끊어내는
모래바람 같은 회오리가
몰아치고 나면
겨울밤을 가로지르는
외로운 늑대처럼
컹 컹 컹 컹 짖어대고 있다

쏟아져 버릴 듯

불타는 두 눈은
어디를 향하고 있는가?
망치로 뇌를 쪼아대는 징소리
시계의 초침보다 더 빠른 맥박
살아남으려는 자의 몸부림인가?

그동안 혹사당한 몸의 반란
쉽게 놔 주지 않을 기세다

건강검진

눈에 보이는 것도
보지 못하고 사는 세상에

눈에 보이지 않는 곳까지
봐야 한다며
찾아온 건강검진센터

검붉은 피를 뽑고 소변도 받고
혈압 체크에 심전도, MRI까지
초음파, 내시경, 동맥 경화, 콜레스테롤
검사 검사 검사 검사
자궁 속도 들여다보고, 시력, 청력, 안압
검사 검사 검사
끝이 없다

실험실의 개구리 되어
누웠다가 엎드렸다가
웅크렸다가 옆으로 돌아눕고
말 잘 듣는 아이가 된다

지위도 계급장도 다 떼어내고
똑같은 실험복을 입고
무작정 기다린다
이름이 불릴 때까지

표정 없는 시간의 늪
몸속에선
무슨 일이 벌어지고 있을까?

감사한 일이다

내려놓지 못하고
밤새 뒤엉킨 실타래
새벽 햇살에 풀어진 것은
감사한 일이다

0.3, 0.4의 시력
먼 곳은 잘 보이지 않아도
돋보기 도움 안 받고
작은 글씨 볼 수 있으니
감사한 일이다

매일 끼니 시간 맞추지 못해도
무엇을 먹을까?
고민할 수 있는 여유가 있으니
감사한 일이다

과속하는 나를 조절해 주느라
가끔씩 통증이 나를 붙들어
쉬게 해주는 것도
감사한 일이다

언제까지나 믿어주고
내 편이 되어주는 가족들,
늘 시간이 모자라는 나를
이해해 주는 친구들이 있다는 것도
감사한 일이다

돌아보면 감사할 일이
너무 많은데
자꾸만 잊어버리고
더 달라고만 투정하는 내 모습
부끄러운 일이다

아버지는 부재중

출근길,
뚜 뚜 뚜, 딸깍
"지금 나가는 길이니?"
온기 가득 실려 온다

퇴근길
하루의 넋두리 쏟아내면
"오늘도 수고 많았다, 얼른 들어가 쉬어라"
안쓰러움이 묻어 있다

습관처럼
한 번, 두 번, 세 번 송신음 뒤에
"지금은 전화를 받을 수 없습니다"
반복되는 기계음

혹시나 하고
"전화기가 꺼져 있습니다"
마음속 등불도 꺼져가고
어둠이 목젖을 울린다

단축 버튼 1번
"이 번호는 없는 번호입니다"
충전을 해도
다시 들을 수 없는
아버지 목소리

언제쯤이면 하늘나라로
전화 걸 수 있을까?

잃어버린 고향

'까치가 울면 반가운 손님이 온다고?'

"깍깍 깍깍"
높은 나뭇가지 디디고 서서
마을 어귀의 낯선 이를 보고
반가운 소식을 전한다

'혹시 우리 애들이 오려나?'
어머니 목이 길어지고
주름 사이로 피어나는 꽃웃음

"뜨악 뜨악"
아파트 숲 피뢰침 위에 올라
살아내기 위해 목청을 돋운다
누군가의 집에 손님이 올 거라고

'요즘 같은 시국에 손님이라니?'
굳게 닫힌 문은 거리두기 시행 중
냉기가 흐른다

이른 새벽 얼어붙은 가지를 부여잡고
손님을 찾는다
"꺼억 꺼억"

힘줄이 솟은 두 발
어쩌면 영영 찾아오지 않을
손님 찾아 두리번두리번

까만 눈동자에
잃어버린 고향이 담겨있다

탯줄 자르기

자궁에서 나올 때
싹뚝 잘렸던
탯줄이

끊어지지 않고
모진 목숨
매달려 살아왔다

지루한 장마와 폭염 속에
이제는
끊어지려 한다

붙잡고 있던 손을
놓치는 건지
놓아버리는 건지

탯줄이 잘리는 순간
허공에 매달린
통곡의 메아리

거대한 먹구름이
돌덩이 되어 명치를
누르고 있다

길 위에서

쏟아지는 태양이
방향을 잃고 흔들리는
한여름, 노곤한 오후의
길

거세게 쏟아붓는 빗줄기
삼킬 겨를 없이 떠나보내는
장마철, 승천을 꿈꾸는 이무기의
길

어둠의 약속처럼
불 꺼진 둥지 찾아 귀환하는
늦은 밤, 덩그러니 남겨진 가로등
길

생각이 거세된 채
초점을 잃어버린 눈동자
껍데기만 남은 빈 웃음을 뱉어버린
길

떠나는 설레임과 귀로의 안식
시작과 끝이
뫼비우스의 띠를 닮은 미지의
길

돌아오고 싶어도
다시는 돌아올 수도
되돌아볼 수도 없는 일방통행의
길

그 길 위에
서 있다
망망히

스위치

밤새 꺼지지 않았다
24시간 가동해도 지치지 않는 사이보그
그 안에 나는 없다
무의식 속에 되풀이되는
술래 없는 숨바꼭질

이제는 깨어날 시간
푸른 잔디와 하얀 구름
향긋한 풀 내음과
투박한 들길까지
내가 낚아야 할 몫의 행복

이제는 꺼야 할 시간
침잠하는 육신의 핏줄에
호흡을 불어 넣어
변성기를 거쳐야 할 시간

잡고 있는 동아줄이
쫓기고 있는 하루살이 삶에
현자(賢者)의 답이 될 수 있다면
나를 세울 추를 흔들어도 좋으련만

불면증 · 1

기침 같은 바람 소리에
잠 깨어 가만히 숨을 멈춘다

새날이 하얗게 빈 시간을 출산할 때까지
꼬리 달린 생각들이 심장 위로 기어 다니며
길어 올린 돌덩이로
머릿속이 무겁다

어쩌면 무심한 초침 소리가 밤새
내 기억의 무게를 이끌었는지 모른다
어쩌면 길 잃은 내 몫의 나침반이
새털처럼 잠들지 못하고
헤매고 있었는지도 모른다

밤새 지우지 못하고
꿈틀거리던 욕망의 건더기가
찢어진 깃발처럼 너풀거리고 있다
승리의 미소를 지으며

불면증 · 2

초침 소리가 낙숫물로
패인 가슴 채우고
강으로
바다로
거센 파도로 휘몰아칠 때까지

하얀 눈을 부릅뜨며
잠을 불러오지 못했다

브레이크 풀린 자동차 소리와
긴 그림자 꼬리에 매단 거미의
더듬더듬 추악한 춤사위

비굴한 웃음 뒤에
노리는 사냥감이 나 인줄
미처 알지 못했다

온몸을 칭칭 감싸고 있는
끈적거리는 분비물과
충혈된 눈으로

시간을 세고 있다

새벽이 오고 있다
나를 구원할 절대자의 배려이다

불면증 · 3

결코 잠들지 않으리
눈을 부릅뜨고
의식(意識)의 세계를 버티고 있다

마디마다 통증 세포들이
기억을 화장(火葬)해버리고

깨어있음은 고행이지
쓰디쓴 웃음은
공허를 비렁뱅이로 만들었다

뒤틀린 내장의 반란은
참을 만큼 참았다는 신호
무릎 꿇고 항복하기를
바라는 무언의 테러리스트

새벽이 올 즈음
둘 다 지쳐 쓰러지겠지만
패배는 아니다
그저 잠시 눈을 감았을 뿐

닭 우는 소리는
환청인가?

회귀(回歸)

태어남과 죽음은 평행선
출렁거리는 삶의 곡선을 따라
줄 타는 묘기의 순간마다
자궁 안으로 숨고 싶은
본능의 유혹
모태의 자궁은 안전하다

애써 숨을 쉬지 않아도
먹이를 찾아 헤매지 않아도
음모나 배신도 없다

보이지 않아도
볼 수 있는 세상
들리지 않아도
들을 수 있는 세상

탯줄 끊긴 세상으로 내던져진
나는
잔뜩 웅크린 채 길을 잃었다

자궁으로의 회귀를 꿈꾸며
찬란한 5월에

군자의 일생

어둠 속에서 기다렸다
수액으로 마른 목축이며
오랜 시간을
군자의 숙명이라 여기며

검은 구름 물러나고
이제 세상을 깨워야 할 때
빗물로 무녀진 땅을 뚫고
인내의 허물을 벗는다

동림청선(東林廳蟬)이라 했던가?
구름도 귀 기울이고
바람도 쉬어가는
한낮의 더위가
얇은 날개에 소리를 부채질한다

태풍 소식이다
탈피한 몸이 채 마르지도 않았는데
애가 끓는다, 울음이 그득하다
서둘러, 어서 서둘러!

왔다 간 흔적은 남겨야지

그것이 네 운명이라고
위로조차 외면하는 이들에게
난 과연 누구일까?

* 동림청선(東林聽蟬) : 다산 정약용 소서팔사(消署八事)에
한여름에 더위를 식히는 8가지 방법 중 하나로 동쪽 숲
에서 매미소리 듣기를 일컫는다.

한 점 섬

횡단보도를 건너는
할아버지

두 다리는 굳어진 돌덩이처럼
발을 옮겨 놓기 쉽지 않고
두 팔만 허공 속에 분주하다

세찬 빗줄기에도
손에 꽉 쥔 우산
펼칠 수조차 없다

초록 신호등은 카운트다운을 시작하고
깜박임이 멈추기 전
건너야 할 길은 아득한데

'조금만, 조금만 더
힘을 내세요'

기다려주지 않는 신호와
질주하는 자동차들 사이에 갇혀

무표정한 한 점 섬이 되어
멈춰 서 있다

허락된 휴가

1
떠난다는 것은
잊는 것이다
일상의 분주함 내려놓고
온전히 내게만 집중할 수 있는
허락된 시간

떠난다는 것은
새겨지는 것이다
새로운 또 하나의 기억들을
삶의 여정에
살포시 끼워 넣는 행위

먼 훗날 기억의 내리막길에서
지금 이 순간을
불러올 수 있다면
어떤 모습으로 채색되어 있을까?

동화 속에 나오는
붉은 지붕과 사이프러스 나무

정화된 쪽빛 하늘
태양을 온몸으로 받아들인
갈치비늘 빛 아드리아해

거장의 붓으로 그려진
한 폭의 풍경화
그 속에서 나는 펄떡이며 살아있다

2
떠남은 익숙한 것들에
새 옷을 입히는 것이다
바람조차 낯설음의 언덕을 가로질러
내게로 와 어색한 손을 내민다

시간은 언제나 제 자리에서
무채색으로 흐르고
그 시간 안에서 쉼 없는 고동으로
한걸음 한걸음씩
다가선다

떠남은
내가 머무르던 공간으로
돌아갈 수 있는 용기를 준다
이젠
늘
그래왔듯이
삶의 수레바퀴 위에서
내일을 걸어간다

휴식(休息)

어둠이 시작되어야
비로소 살아나는 네온사인 불빛
늘 하루는 나보다 먼저 시작하고
나보다 먼저 노을을 보낸다

노을의 침묵 속에
도시는 무음모드가 되고
창문 밖에 서 있는 시선은
사이보그의 움직임이다

어둠이 내려야
비로소 살아나는 나는
꿈꾸는 이별의 변주곡에
이리저리 몸을 흔들어대는
바람인형처럼

오늘도 이리저리 비틀거리며
잘 견뎌냈다
시간을 거스르며

소멸

봄이 지난 지 오래다
봄을 미처 보지 못한 여자는
거칠어진 머리칼을 쓸어 올리며
황무지에 서서
싹이 돋아나길 기다린다

여름이 지난 지 오래다
여름을 미처 보지 못한 여자는
말라버린 가슴 속으로 숨어버린
파란 구름 빛 하늘을 그리워하느라
골목을 헤맨다

가을은 아직 오지 않았다
지난가을 낙엽의 소리를 듣지 못한 여자는
붉은 저녁노을을 바라보며
귀를 기울이고 있다

겨울은 오지 않을 것이다
빈 가지에 소복한 눈이 덮이면
어느새

한 해가 다 갔다는 허무에
애써 외면하려한다

천천히 갈 수 있는 길을
허겁지겁 삼켜버린 시간들
막다른 골목에 이르러서야
비로소 돌아볼 수 있을까?

나이

나이 든다는 것은
이른 새벽 잠 깨어
밤새 레일 위를 달려온
낡은 기차 쿨럭이는 박동 소리에
귀 기울이는 것

나이 든다는 것은
내 귀를 열어 이미
색이 바래 들리지 않는 것조차
마음 깊은 웅덩이에서
끌어내는 것

나이 든다는 것은
끊임없이 솟구쳐 오르던
시뻘건 봇물
토닥이며 슬며시
침전하는 것

나이 든다는 건
거울 속의 낯선 이

마주 대하며 헛헛한 웃음을
웃어야 하는 것

그래도 나이 든다는 것은
뒤돌아 걸어온 길을 볼 수 있고
앞으로 가야 할 길을 내려다 볼 수 있는
한 뼘의 여유가 생기는 것

소소한 행복

보폭을 줄이고
들숨과 날숨을 섞어
신생(新生)의 아침을 걷는다

연둣빛 보드라운 아기 풀과
눈을 맞추고
한껏 부풀어 오른 홀씨에게
후~, 바람도 되어 주고
박새의 지난 밤 꿈 이야기도
살짝 엿들으며

긴 무늬를 수놓는 한 무리
철새들의 힘찬 군무
잠시 멈추어 서서
감동을 호흡하며
가득 눈우물에 담는다

나무와 풀, 꽃과 새들의 이름을
다 기억하지 못해도
다 불러 주지 못해도

눈과 귀, 그리고 품 안에
가득 들어와 숨 쉰다

이른 아침을 먹으러 나온 왜가리
기척도 없이
인사를 건네는
이른 아침 산책로

모두가 사랑이다
내가 살아가는 이유

행복 연가

말캉말캉
겨우내 꼭 쥐고 있던 주먹을 펴고
봄 햇살 스며든 대지를 밟고 서 있을 때
나는 행복합니다

아장아장
처음 땅을 딛고 서서
눈웃음 짓는 아기를 보고 있으면
나는 행복합니다

뉘엿뉘엿
선물로 주신 하루, 잘 호흡하고
어둑해진 도로를 건너 쉼이 있는 곳에 다다를 때
나는 행복합니다

익숙한 맛을 나누고
강물 같은 눈빛을 주고받으며
기꺼이 손잡아 줄 수 있는 이들이 곁에 있어
나는 정말 행복합니다

그 무엇과도
비교할 수 없는 것은

늘 감사할 수 있는 마음과
기쁨을 나눌 수 있는 여유와
겸허할 수 있는 이성과
돌아볼 수 있는 성찰의 시간이

나를 참 행복하게 합니다

먼데이

주말의 무게가
납덩이처럼 내려앉은 눈꺼풀
청각만이 숨 쉬고 있다

무표정한 시간 너머
떠밀려 떠다니는 맥박의 고동에 맞춰
문은 열리고 또 닫힌다

땅 밑을 더듬는 기계음은
이미 자장가가 아니다
살아남기 위한 끄덕임을
외면하고 있을 뿐

햇살이 땅 위를 두드리는 사이
종착지 도착을 알리는
낯선 음성이 의식을 깨우면

가야 할 곳을 망각한
삶의 순환 궤도 앞에
몸은 만신창이가 되어
희망을 구걸하고 있다

시간 여행

익숙한 소음이
얼어붙은 거리를 배회하며
시간을 저울질하고

어느새 저물어가는
하루의 무게는
겨울밤을 거래한다

바닥나버린 온기를
긁어대는
구세군의 종소리는

잃어버린 시간을 채찍질하고
잊은 줄 알았던
흉터들이 근질거리며

기억의 정거장에
한 발로 멈춰 서서
기적을 소환하고 있다

제3부
바람의 독백

봄에 부는 바람은

혼들리는 것은
머물고 싶은 욕망
파란 하늘빛을 걸러낸 가지 사이로
새하얀 바람

큰 호흡으로
하늘을 쓸다가
작은 팔딱임으로 토닥이는
세포마저 정화되는 오후

혼들고 있는 것은
침묵 속의 타협
깊은 뿌리가 붙잡고 있는
삶의 징검다리 사이로
푸르른 바람

무지갯빛 비눗방울처럼
사라져 버린 기억이 리셋 되는
모든 것을 내려놓아도
용서가 되는
봄날의 여유

살구꽃이 피었습니다

목이 한 뼘 길어지고
바람 한소끔 불어오더니
창밖이 환해졌습니다
올해도 약속대로
살구꽃이 피었습니다

살구꽃이 피면
하늘하늘 분홍빛 원피스 입고
꽃과 눈 맞춤 하던
일곱 살 아이가 돌아옵니다

파란 하늘 이고
분에 넘치게 피고 또 피어납니다
가지 겨드랑이마다 직박구리 앉히고
꿀벌들도 바빠집니다

어둠이 내리고
그리고 바람이 불었습니다
하얗게 잠 못 이루고 서성이던
살구나무는

꽃잎을 내리고
또 내리며
내일을 꿈꿉니다

튼실한 살구가
잉태되기를

춘(春) 새벽 기행

아!
이런 모습이구나
어둠과 함께 잠들었던 소리가
깨어나기 전
원색의 곡조가 울린다

뾰로롱 뾰로롱
오늘도 신나게
오늘도 멋지게
출발하자고

알아듣지 못해도
알아들을 수 없어도
그들의 인사말
부지런한 일꾼임에 틀림없다

아!
이런 모습이었구나
어제와 다른 성장의 힘
빈 가지를 꾸미는

연둣빛 세상이 열린다

쑤욱쑥 쑤욱쑥
어서 자라라
예쁘게 자라라
활짝 웃으며

하루는 늘 그 자리에서
시작하지만
자고 있는 사이
한 걸음 앞서가고 있다

낯선 봄

하늘 위로 바람이 분다
나무는 거꾸로 서 있고
얼굴을 드러낸 허연 뿌리는
눈이 멀었다

어디로 자취를 감추었는가?

바람 위로 봄 햇살이다
가지를 뚝뚝 잘린 대추나무는
넋을 빼앗긴 채
아직도 침묵 중이다

어디에 자취를 감추었는가?

봄 햇살 위로 시간이 간다
무감각한 시선을 거두어들이는
투박한 손길

그리움이다

5월의 약속

시간을 지켜
공간을 붉게 채우는
장미의 고백은
황홀한 겸손을 가르쳐 준다

늘 곁에서 숨이 되었던
당연하게 여겼던 날들은
하루 길이가 짧아질수록
긴 그림자로 남아있다

아버지 마지막 뵈던 날
꼬옥 잡아 주신 따스한 약속은
아직 식지 않은 채
가슴에 온기로 남아 있는데

오늘도 앰뷸런스 소리에
불규칙하게 심장은 요동치고
앨범 속 잠자는 붉은 그리움
꺼내 보지도 못한 채
마른 울음 삼키고 있다

6월은

6월의 바람은
붉은 장밋빛 피를 흘리며
조국 위해 산화(散華)한 이들의 넋입니다

6월의 태양은
총탄이 쏟아지는 전장에서
평화를 부르짖던 이들의 심장입니다

6월의 하늘은
녹슨 철모가 걸린 비목(碑木)
돌아오지 못한 이들에 대한 기억이며
그리움입니다

상흔 속에 피어난 무명의 숨결은
나라를 지켜주는 등불로
분단 조국의 버팀목이 되었습니다

기억하겠습니다
당신이 심어 준 나라 사랑을

따르겠습니다
당신의 값진 희생을

지키겠습니다
당신이 끝까지 지키고자 했던
우리 조국 대한민국을

소나기

하늘을 뒤덮은 잿빛 삶의 포효
사냥감 노리듯 서서히 조여온다

불쑥불쑥 멋대로 자라난 빌딩들은
묵언수행 중이다

21세기 진화의 속도는
하늘의 뜻을 알 리 없고
오류는 번복된다

쏟아내라
뭉친 응어리의 한숨을
뱉어내라
가슴 밑바닥에 고인 절망을

달궈진 아스팔트 아래
흙 향기 거슴츠레 올라올 때쯤
멈출 수 있을까?

젖은 도시는 늘 젖어 울고

말라 버린 가슴은 늘 목마른데
불공평한 게임에서 진
무채색 도시가 흔들리고 있다

우중독백(雨中獨白)·1

수묵화
한 점 그려놓고
어디 가셨나?

산 능선에 걸친
구름 강물 타고
선계(仙界)에 드셨나?

흔들리는 바람조차
빨아들인 고요
정지된 시간의 심장박동
태양은 빛을 잃었다

무채색의 거장(巨匠)
정적(靜寂)을 깨는
생명의 첫울음
기다리고 있다

우중독백(雨中獨白)·2

잿빛 비둘기를 품은 하늘은
진통제를 입 속에 털어 넣은 채
도시 탈출을 음모하고 있다

비겁한 변신을 노리며
꿈꾸던 태양빛을
싹뚝 단 칼에 잘라낸
바람이 힐끗거리며 서성인다

사계절이 얼어붙은 무덤 속
환생을 꿈꾸는 육신은 꾸벅이며 졸고
어디선가 들리는 아기 울음소리가
휘청거리는 오후를 잡고 있다

바람, 그리고 우리

허연 살을 드러내며
빈 가슴
풀어헤치고
나에게 온다

억겁의 날을 침묵으로
때로는 부서지는
짙푸른 눈물로
나에게로 온다

엄마의 자장가로
물질하는 해녀의 숨비소리로
아내를 그리는 오돌또기로
너에게 간다

하늘이 바다로 내려온 날
거세고 숨 가쁜 외침으로
낚아 올린 사연을 담아
너에게로 간다

가시리 한가락 물고
구십구곡 돌아 돌아서
지금쯤
어디에 머무르고 있을까

제주 앞 바다

바람이 머무는 곳

바람이 분다
어디를 헤매다 돌아왔는지
낯선 바람에게서
익숙한 냄새가 난다

바람이 분다
무생의 사막을 지나
황톳빛 언덕을 넘어
넝마를 걸친 채 돌아와
누워버린다

언제까지 머물 수 있을까
무너져 가는 공간을 채우고
다시 비우고
쓰러져 가는 마음을 채우고
다시 비우고
흑백의 채색 공간

귀를 기울여
내게로 오는 너를 안는다

눈을 감아도 보이는 네가
부드러운 숨결로
들어와 있다

바람의 독백

바람이 분다.
가슴 저 밑바닥에서 토해내는 소리
"서억 서억"
억새 울음소리를 들으려
길 밖에 서 있다

바람이 분다
짧은 일생을 마무리하는 몸부림
"사르르륵 사르르륵"
낙엽 뒹구는 소리를 들으려
길 위에 서 있다

계절을 몰아 흐르는 시간
주인공은 바람이다
언덕에 기어올라
바람을 마중한다

내가 모르는 사이
머물다간 이들의 흔적을
불러 모아

기억 잔치를 벌여야겠다
바람과 함께

마른장마

장마 전선 북상 소식에
투명 우산 하나 샀다
쏟아져 내리는 빗줄기
감히 눈 똑바로 뜨고
바라보고 싶어서

비는 내리지 않았다
남쪽에서 길을 잃은 호우주의보
비굴해진 땅은 하늘을 본다
목이 마르다

비 올 확률 80%
서둘러 우산을 챙긴다
앙금으로 가라앉은 소리
아우성으로 재생될 수 있을까?

흠뻑 젖어보고 싶은 하루가
무채색 옷을 입고
시간을 센다

올 듯 말 듯
울 듯 말 듯
삼킬 듯 말 듯
뱉을 듯 말 듯

오늘도 비는 오지 않았다
그 때는 알지 못했다
태풍이 가까이에 있다는 것을

화담 숲에서

노을빛 가을은
잠깐 숨을 멈추고
맞이해야 한다

눈과 귀를 열어
빛들이 온전히 스며들 때까지
반 박자의 호흡으로

바람을 불러와
붉은 잎 노란 잎
나비처럼 날아오르면

가을은 저만치 앞서
농익은 향기로 거닐고 있다

자작나무를 흔드는
한 줌의 하얀 바람과
오죽(烏竹) 흔들림을 벗 삼아

한 잎 두 잎

내 손에 내려와
머물 수 있다면
붉은 가슴 울새가 될 수 있을까?

바람의 노래

바람의 붓으로 그려진
수채화 한 편
시시각각
변화하는 형상은
한 편의 시나리오다

혀를 쑥 빼물고
더위를 부채질하던
나무 이파리들도
하늘바라기하는 한낮

태극기만 애국가를 부르고 있다

늦깎이 매미는
구차한 음량으로
남은 생명을 연장하고
끊어질 듯 끊어질 듯
소리가 날아오르고 있다

초록의 계절이

낙엽으로 바뀔 무렵
묵언 수행을 마치고
목 놓아 울 수 있을까?

여름은 가리라

-집에서-

창밖이 두런두런
오싹거리는 녹음의 날개가 흔들린다
정지된 눈동자
곧 다가올 운명을 예감하듯
깜박임이 없다

-강남대로에서-

하늘을 향해 뻗어 오른
긴 모가지의 가로수
번쩍거리는 빌딩 숲 사이
한 조각 햇볕이 목마르다

-사무실에서 -

손끝에 눈이 달리지 않았어도
콕콕 잘 찍어 누르는 리모콘은
하루 종일 노역에 시달린다

밖은 열대지방
안은 냉대지방
달력에 남겨진 숫자가
졸고 있다

국지성 호우

하늘빛이 좋아
빌딩 숲에 가려지지 않은
온전한 너를 만나고 싶어
무작정 터덜거리는 버스를 탔다

온통 내 차지가 되어도 좋으리
풀밭에 누워 품 가득 안아도 좋으리
하늘은 늘 내 편이다

갑자기 성난 노여움으로
호령 친다
참아내던 설움과 원망
다 쏟아낸다
국지성 호우

우르릉 꽝꽝
분이 풀릴 때까지
가만히 기다려줘야지
심호흡 후우

도랑물이 개울이 되고
개울이 넘쳐 강이 되어
씻겨 내린다
하나도 남김없이

덩달아 신이 난 나는
빗소리에 장단 맞춰 춤을 추다
흙 향기 마시며
침묵의 의미를 안다

코스모스

가냘픈 허리에
햇살을 온몸으로 녹이는
코스모스

엄마를 닮은 꽃

하늬 바람의 손길에도
살사리 살사리
더위를 잘 견뎌냈다고
살사리 살사리

해를 사랑하여
바라보다
여덟 꽃잎 수줍음으로
분홍빛 미소 남기고 있다

엄마가 가장 좋아하는 꽃

* 살사리: 코스모스의 우리나라 이름.

가을 마중

체크무늬 비옷을 입고
하늘이 잘 보이는
투명우산 들고
자, 이제 출발

한 겹 두 겹 세 겹
두툼한 구름 옷 입고
내려다보는 하늘은
도시를 리모델링 중

입 벌려 마른 목을 축이고
두 팔 벌려 온몸으로
세레머니 하는 나무들

이런 날은
어디라도 가야 한다

하늘과 나무와 그리고
나를 볼 수 있는 좋은 기회

가을비 내리는 아침 출근길

가을 나무

밤새 비 내린 후
붉은 울음, 목 놓아 삼키고 있다
더 붉게
더 서럽게
흔들리고 있다

봄, 여름 떠나보내고
이젠 가을마저
뒤돌아볼 때면
앙상한 가지로 문턱에 기대어
하얀 소식 기다린다

가을 영상

메뚜기 숨소리에
흔들리던 벼 이삭이
스스로 고개 숙이는 들녘

눈을 들어
바라보는 넓어진 하늘과
무심한 구름 한 조각
거꾸로 오르고 싶은 손짓 하나

매년 다른 모습으로
가슴에 와 자리 잡는
너의 영상이
살아가는 이유가 된다

가을바라기

중복 땡볕 아래
무뎌진 더듬이를 짚으며
땀내 나는 하루를
뒤척인다

더위는 곧 지나갈 거라고
잊어버렸던 노을빛 사랑이 다시
찾아올 거라고
무의식 속에 툭 던져진 일상이
스치듯 지나고 있다

속도를 따라잡지 못하고
천천히 뒷걸음치는
반백의 시그니처
한 줄기 바람이 분다

다 그렇게 사는 거야
내 몫을 내어주면서
네 몫을 가져오면서
구부러진 오후가 멈춰서 있다

플러스를 기대하고 살지만
늘 마이너스 인생
빨간 입술보다
맑은 눈동자를 그리는 서글픔은
누구의 몫일까?

기다림
시간을 갉아먹는 도로의 낭만

가을 길목에서

노을빛 스며든 이파리
짧아진 호흡으로 빛을 익혀
하늘로 향하던 손짓 거두고
아래로 아래로 내린다

마음 가득 낙숫물이 고여
긴 메아리로 머무는
순간의 고요를 덮는 낙하
무언으로 빚어낸 유희이다

서로 다른 인연으로 만나
한 여름날 같은 꿈을 꾸며
다독일 수 있다면
작은 몸짓에도 귀 기울여 줄 수 있겠지

단바람이 분다

차곡차곡 농익은 이야기 사이로
저물어 촉각 세운 밤
소리를 베고 누워
시간을 센다

겨울의 끝에 서서

비어있는 공간으로
날 선 바람이
승냥이의 혓바닥처럼
기웃거리고

납작 엎드린 언덕 위에
더 이상 붉지 않은 마른 열매를 매단
나무 한 그루
서러운 울음을 삼키다 지쳐
목이 마르다

하루하루를 버티다 보면
오늘을 기억하며 웃을 수 있을까
밤이 지나고 동이 틀 무렵
다시 일어나 너를 마주할 수 있을까

봄을 기다리는
망향의 손짓은
허공에 씨앗 하나 심고 있다

제4부
시집 평설

■ 시집 평설

발상의 다양성과 커팅 능력 돋보여

박진환
(시인·문학평론가)

1. 전제

　72편의 시를 3부에 나누어 수록한 시집 『또 하나의 시작』은 한주운 시인의 세 번째 시집이 된다.
　일별하면서 느낀 점은 '발상의 다양성과 커팅 능력'이 돋보인단 점이었다. 여기에서 '발상의 다양성'은 시역이 매우 넓다는 뜻과 함께 드러내고자 한 것을 여러 관점이나 각도에서 이끌어낸다는 뜻이고, 커팅 능력은 시적 대상이나 소재의 이모저모를 다양하게 재단해다 재구성해내는 능력의 우수성을 말한다. 이를 한마디로 요약하면 한주운 시인의 시역이 다양하고 다양한 시역에서 시의 대상이 되는 것들은, 그것이 사물이었건, 존재였건, 사상이었건, 정서였건,

그것들을 여러 측면에서 재단해다 재구성하는 시적 조립성이 우수하다는 데 귀결된다.

시는 그 대상이 무엇이건 그것들의 전체를 아우르는 작업이 아니라, 그 부분들을 재단해다 짜맞춰 전체를 성립시키는 일종의 제작술일 수도 있다. 현대의 예술 제작을 의도된 제작이니, 기도된 제작으로 표현하는 것은 예술이 천부적 능력에 의해 이루어지는 것이 아니라 기술에 의해 의도되고 기도된 바를 제작하는 기술로 이루어진다는 개념이다. 이를 지적해 현대적 기획이라고도 하는데 의도된 제작, 기도된 제작을 아우르는 말이다.

현대적 기획은 천성이나 우연을 거부한다. 이는 천성이 기술로 이동됐음을 의미하는데 그 때문에 시도 천성이나 천재성에서 이루어진 것이 아니라 기술에 의해 씌어진다는 것을 의미하게 된다. 기술은 사전에 의도되고 기도된 것을 바탕으로 이루어지기 마련이다. 시도 예외일 수는 없다.

시의 기술은 시법이 담당한다. 시법에는 여러 드러냄의 효과를 배가하기 위해 요구된 레토릭이 수반되기 마련이다. 그리고 레토릭은 더 잘 드러내기 위한 일종의 기술이다. 현대시가 '무엇을 썼느냐?'에서 '무엇을 어떻게 드러냈느냐?'로 드러냄에 의해 규정지어 지는 것도 시가 어떤 기술로 씌어졌느냐가 시에 대한 평가의 기준이 된다는 것을 말해

주는 것이 된다.

　흔히 시에 무슨 특별한 법이 있다고 시법 시법 하느냐? 는 질문을 종종 받는다. 그런데 시에도 엄연한 법이 있다. 여기에서 법은 방정식과 같은 공식을 뜻하는 것이 아니고 방법을 말하는 것이다. 어떤 방법에 의해 씌어졌느냐가 된다. 그 방법이 곧 시법이다. 그리고 이러한 시법은 주어진 시대가 요구하는 그 시대 정신이나 시대 자체를 담아내는 용기(容器) 구실을 한다.

　현대시에서의 러시아 형식주의의 낯설게 쓰기나, 포스트모더니즘의 요청이 그러하고, 미 시카고학파들에 의해 제기된 신비평이론이 제기한 신시학이론이 또한 새 용기를 요구하는 요청들을 제시하고 있다.

　낯설게 쓰기는 일종의 변용의 미학에 근거한다. 친숙성의 것에 식상한, 새로운 감동을 체험하기를 희망하는 요구는 비친숙성의 역발상을 요구했고, 그 요청은 닮은꼴을 변용이나 변형을 통해 새로운 모습이나 형태로 태어나게 함으로써 창조에 이바지하게 하는 시적 성과에 값했다.

　그런가 하면 신시학이론은 17C 형이상시학파들이 즐겨 썼던 컨시트와 컨시트만이 이끌어낼 수 있는 양극화·골계·펀·원인적 비유·순수한 통징과 같은 시법을 요구했고, 이 요구에의 충실만이 최고의 시의 조건을 충족시켜 형

이상시를 탄생시킨다는 지론을 제시했다. 이것이 오늘의 시학 현실이다.

이러한 장황한 이론을 전제로 제시하는 것은 한주운 시인의 세 번째 시집 『또 하나의 시작』이 이러한 시법에의 관심의 일환에서 자신의 시를 출발시키고 있는 것으로 여겨졌기 때문이다. 한주운 시인이 다양한 현대시법을 고루 자신의 시에 실천한 것은 아니지만 적어도 발상의 다양성을 통한 새로움에의 도전과 대상을 컷으로 재단해다 재조립하는 등의 시법을 알고 시를 출발시켰다고 여겨졌기 때문에 현대시법을 배경으로 한주운 시인의 시에 접근하기 위한 통로 마련을 위해 전제로 현대시법을 빌었다.

2. 발상의 다양성

발상의 다양성은 달리 풀이하면 한주운 시인의 시역이 넓다는 뜻과 함께 시적 대상의 다양성과도 맥락이 잇대어진다. 소이로 해서 발상의 다양성은 수반될 수밖에 없고 시역 또한 풍부하게 제시될 수밖에 없게 된다. 3부에 나누어 각 파트마다 24편씩을 수록하고 있는데 파트마다 한 편씩을 제시해 본다.

늦은 가을 자리
어제보다 조금 더 짧아진
하루의 길이가
낙엽에 실려
저물고 있다

새 어둠을 벗 삼아
지표 없는 조각배처럼
무중력의 허공을 떠다니다
마주친 낯익은 간판

옛 은사님의 허허로운 웃음
향그러운 대추차에 가득 담아
시간을 노 저으면

인사동은 비로소 품에 안겨
고향이 된다

  예시는 제1부 「빛 가운데」의 전문이다. 인사동은 종로에 있는 동으로 외국 관광객이 많이 찾는 서울의 명소다. 항용 지나가고 약속장소로 즐겨 찾는 인사동이 시에서는 단 한 번의 언급도 없다. 설명 대신 인사동이 환기시켜 주는 이미지들만을 제시하고 있어 암시역을 설정해 주고 있기 때문이다.

1연에서는 가을 들어 더 짧아진 하루를 '낙엽에 실려/저물고 있다'고 엉뚱한 진술로 외연을 장식하고 있다. 그런가 하면 2연에서는 '낯익은 간판'을 제시함으로써 평소 찾던 골목을 제시하고, 3연에서는 옛 스승과 대추차로 담소를 나누던 찻집으로 그리고 종연에서는 '품에 안기는 고향'으로 축소지향과 확대지향을 거쳐 인사동의 이미지들이 이동과 전환을 되풀이함으로써 지적 터치에 의해 암시역에서 구체적 공간으로 제시된다. 발상의 다양성이랄까 발상의 이동을 통한 순발력이 보여준 연계성의 다양화랄까를 보여주고 있다.

   쏟아지는 태양이
   방향을 잃고 흔들리는
   한여름, 노곤한 오후의
   길

   거세게 쏟아붓는 빗줄기
   삼킬 겨를 없이 떠나보내는

장마철, 승천을 꿈꾸는 이무기의
길

어둠의 약속처럼
불 꺼진 둥지 찾아 귀환하는
늦은 밤, 덩그러니 남겨진 가로등
길

　예시는 후반부가 생략된 제2부 「회귀(回歸)」에 수록된 「길 위에서」의 앞부분이다. 7연 구조로 된 예시는 매 연마다 길이 제시되어 있으나 길의 배경 설정이나 길의 양태, 그리고 길의 역할이나, 길의 현장성을 제시하고 있는 내용은 물론 각각 이미지를 달리하고 있다. 1연에서는 태양이 쏟아지는 방향을 잃고 흔들리는 '한여름의 노곤한 오후의 길'로, 2연에서는 거세게 쏟아붓는 장마철 승천을 꿈꾸는 '이무기의 길'로, 3연에서는 불 꺼진 늦은 밤 외로이 가로등이 서 있는 '길'로, 4연에서는 '미지의 길'로, 5연에서는 돌아올 수 없는 불귀의 '일방통행의 길'로, 그리고 종연에서는 그 길위에 망망히 서 있는 화자를 설정함으로써 다양한 발상에 의해 길이 모습도, 의미도, 이미지도 각기 달리하는, 그러면서 길과 길로 이어지는 연상 상상의 길로 오버랩되고 있다. 이는 한 대상이나 소재에서 환기시킬 수 있는 다양한 이미지의 동원이란 점에서 발상의 다양성과 무관하지 않게 된다.

  다음 시는 제3부 「바람의 독백」에 수록되고 있는 시 「가을 나무」 전문이다.

      밤새 비 내린 후
      붉은 울음, 목 놓아 삼키고 있다
      더 붉게
      더 서럽게
      흔들리고 있다

      봄, 여름 떠나보내고
      이젠 가을마저
      뒤돌아볼 때면
      앙상한 가지로 문턱에 기대어
      하얀 소식 기다린다

  2연 구조로 된 예시는 1연에서는 붉게 물든 단풍이 '더 서럽게/흔들리고 있다'고 가을의 서정이랄까, 소조한 비 온 후의 가을 풍경의 한 단면을 제시하고 있다. 그리고 2연에서는 발상을 180도 이동, 봄·여름을 떠나 보내고, 가을마 저도 떠나보낸 후 '하얀 소식'이라는 겨울을 기다리는 가을 나무로 변용에 변용을 거듭하고 있다.

일종의 지적 전환의 순발력이기도 하고 순발력으로 단풍 목에서 눈을 기다리는 나무로 이동하는 변용을 보여주기도 하는 지적 터치를 감행하고 있다.

이상은 시집 『또 하나의 시작』에 수록된 파트별 시들을 통해 한주운 시인이 보여준 발상의 다양성을 제시하기 위해 예시를 통해 접근해본 조명이다.

이번 시집에서 또 하나의 방점을 찍을 수 있는 것이 시적 대상이나 시적 소재를 커팅해다 재구성해내는 시적 능력을 보여주고 있는데 이 점 간과할 수 없는, 어쩌면 시의 중심 자리에 놓을 수 있는 부분이라고 여겨져 시를 제시, 구체화해 보기로 한다.

3. 컷과 컷으로 재단, 합성시킨 커팅의 조화

한주운 시인이 이번 시집 『또 하나의 시작』으로 거둔 시적 성과는 그의 커팅 능력이라고 할 수 있을 것 같다. 시적 대상을 앞에 하고 전면을 제시하기보다 그 대상이 제시할 수 있는 특색 있는 부분이나, 혹은 메인 이미지, 아니면

빠뜨려서는 안 될 부분들을 재단, 재구성해내는 솜씨는 시의 결구력은 물론 시를 시이게 재구성하는 기술이기도 하다.

재단사가 한 벌의 양복을 탄생시키기 위해 천을 여러 부분으로 커팅해다 조립시켜 완성하듯 시인도 시감들을 재단, 짜맞추는 작업을 통해 한 편의 시를 이미지로 결구시키기도 하고, 의미를 이미지로 이동시켜 재구성하는가 하면, 서로 이질적 요소들을 병치시켜 대립된 모순을 상반의 균형을 통해 화해로운 시의 질서를 회복시킴으로써 한 편의 시를 완성하는 것은 같은 이치라 할 수 있다.

한주운 시인은 이를 익히 알고 있고 이번 시집 『또 하나의 시작』으로 시도하고 실천하고자 했던 것이 아닌가 하는 추정을 해보게도 한다. 몇 편의 시를 제시, 구체화했을 때 이해를 도울 것으로 보고 제시해 본다.

>아무도 밟지 않은
>하얀 눈 위 발자국으로
>아무도 숨 쉬지 않은
>푸른 공간 신성한 장막으로
>아침은 온다

간밤 꿈속을 누비던
멈춰버린 시공간을 거슬러
탈출을 음모하는 더듬이처럼
낯선 몸짓과 음성으로
서서히 아침이 오고 있다

부지런한 직박구리의 인사와
조금씩 짙어지는 신록의 성숙함
맑은 하늘을 올려다보는 눈망울로
아침이 왔다

웅크리고 누웠던
고치에서 허물을 벗고
또 한 번
날아오를 준비를 한다

 예시는 1부에 수록된 「아침 별곡」의 전문이다. 아침이 환기시키는, 아침으로 제시될 수 있는 여러 의미와 이미지들은 아침이 열리는 공간의 이모저모에서 커팅해다 조립으로 합성, 아침을 재구성해주고 있다. 어떤 커팅은 아침이 열리는 과정에서, 어떤 커팅은 빛과 어둠의 대비로써, 또 어떤 커팅은 아침을 함께 여는 사물을 빌어 이미지와 이미지로 결구하기도 하고, 의미와 의미의 관계망으로 짜깁기하기도 해서 아침을 탄생시키는 커팅의 솜씨가 돋보인다.

  1연에서는 순수무구의 때 묻지 않은 신성함으로 열리는 아침을, 2연에서는 어제와는 다른 밤의 어둠과 어둠 속의 악마적 이미지를 털어버리고 묵시적 이미지로 열리는 아침으로, 3연에서는 아침을 반기는 직박구리와 신록의 성숙함, 그리고 하늘을 올려다보는 열린 세계의 아침으로, 그리고 종연에서는 또 한 번의 비상을 예비하는 생동감의 아침으로 아침을 재단, 재구성해주고 있는데 이는 한주운 시인의 커팅 솜씨를 잘 보여준 것으로 보아줄 수 있게 한다. 한 편의 시를 더 제시했을 때 이 점 극명해지리라 보고 예시해 본다.

      허연 살을 드러내며
      빈 가슴
      풀어헤치고
      나에게 온다

      억겁의 날을 침묵으로
      때로는 부서지는

짙푸른 눈물로
나에게로 온다

엄마의 자장가로
물질하는 해녀의 숨비소리로
아내를 그리는 오돌또기로
너에게 간다

하늘이 바다로 내려온 날
거세고 숨 가쁜 외침으로
낚아 올린 사연을 담아
너에게로 간다

가시리 한가락 물고
구십구곡 돌아 돌아서
지금쯤
어디에 머무르고 있을까

제주 앞 바다

3부에 수록된 시 「바람, 그리고 우리」의 전문이다. 6연

구조로 되어 있는 예시는 '나에게 온다'에서 '나에게로 온다'로, '너에게 간다'에서 '너에게로 간다'로 '온다'와 '간다'를 교차시켜 움직이는 동태성을 5연에서는 '어디에서 머무르고 있을까'로 정태성으로 이동시켜 발상의 전환이 지적 순발력에 의탁되고 있다.

  다시 말하면 발상을 되풀이해 이었다, 거꾸로 돌렸다, 동태적 이미지에서 정태적 이미지로 이동했다로 반전시켜 여러 양태의 발상의 유동성을 보여주고 있는데 이 또한 발상의 다양성과 함께 대상을 이모저모로 재단해다 재구성해주는 커팅술이라 할 수 있다.

  이쯤에서 결론은 나올 것으로 보고 마무리한다.

4. 결어

  본고는 지금까지 한주운 시인의 세 번째 시집 『또 하나의 시작』을 일별하면서 찍어본 방점이 찍힌 부분들을 제시해본 것이다. 이 부분을 요약하면 결론이 될 것으로 본다.

  시집 『또 하나의 시작』의 시적 미학은 '발상의 다양성과 커팅 능력'으로 집약될 수 있을 것으로 보인다. 한주운 시인은 이 시도를 '또 하나의 시작'이란 시의 명제로 걸고

자신의 시로 실천했던 것으로 보아줄 수 있는데 시집 『또 하나의 시작』은 이를 시로써 보여주고 있다는 점을 결어로 제시할 수 있다고 본다.

또 하나의 시작

2023년 10월 20일 인쇄
2023년 10월 30일 발행

지은이 / 한주운
발행인 / 박진환
펴낸곳 / 조선문학사
등록번호 / 1-2733
주소 / 03730 서울 서대문구 통일로 389(홍제동)
대표전화 / 02-730-2255
팩스 / 02-723-9373
E-mail / chosunmh2@daum.net

ISBN 979-11-6354-233-9

정가 10,000원

* 인지는 저자와 합의 하에 생략
* 잘못된 책은 서점에서 교환해 드립니다.